ODE

à propos

DE L'INAUGURATION DE LA STATUE

DE

GUILLAUME-LE-CONQUÉRANT,

A FALAISE.

Par M. Auguste KROCHEY.

CAEN,
TYP. DE A. HARDEL, IMPRIMEUR DE L'ACADÉMIE,
RUE FROIDE, 2.

1851.

ODE

A PROPOS DE L'INAUGURATION DE LA STATUE

DE GUILLAUME-LE-CONQUÉRANT,

A FALAISE.

> Quia ecce ego suscitabo chaldæos, gentem amaram et velocem, ambulantem super latitudinem terræ, ut possideat tabernacula non sua. (HABACUC, ch. 1, v. 6.)

Civilisation, sublime diadême,
Eclatante auréole émanant de Dieu même,
Et destinée au front de notre humanité,
Tu dois de tes rayons au ciel de Normandie,
Etoilé de noms chers à la Gloire, au Génie,
     Aux Beaux-Arts, à la Liberté.

*

Sois fière de tes fils, noble race normande;
Et tresse de tes mains l'immortelle guirlande
Qui doit de tout grand homme entourer le berceau.
Ah! tu peux célébrer des héros la bannière,
Ou mouiller de tes pleurs la modeste fougère
     D'un poétique et cher tombeau.

*

Tous les vents ont baisé la plume de tes heaumes,
Et partout tu conquis ou fondas des royaumes,
Encore de nos jours ta gloire et ton orgueil.
Le sépulcre du Christ, où le pied infidèle
Allait de sa babouche essuyer la semelle,
  A vu par toi cesser son deuil.

    *

Mais devant Saladin, devant son cimeterre,
On dirait des Croisés, des fétus dans une aire,
Que pousse et que disperse un souffle d'ouragan;
Le Croissant de la Croix va triompher peut-être;
La voix de Mahomet, de la voix du doux Maître;
  Et de la Bible, l'Alcoran....

    *

Non, non; ce Saladin, rempart de la Syrie,
Va demander la paix au sang de la Neustrie,
A l'invincible roi Richard Cœur-de-Lion.
Le pélerin reprend son bourdon et sa gourde,
Et jette de sa voix, pendant dix siècles, sourde,
  Trois fois *hosanna* dans Sion.

    *

Mais le Tasse a chanté le siècle des Croisades,
Et redit les exploits des normandes pléïades,
Qui plantèrent leur tente à l'ombre du Liban.
Et sa Jérusalem, ce poème de gloire,
Cette lyre d'archange, a vibré sous l'histoire
  Du beau Tancrède le normand.

    *

Dieu cache la pepite en une terre vile,
Renferme un parfum pur dans un vase d'argile,
Et sous la cendre endort les feux les plus ardents.
Dieu, du plus bas sillon, appelle l'alouette,
Et permet que la ronce ait souvent une aigrette
  De chèvrefeuille entre ses dents.

*

S'il veut, dans sa bonté, que son soleil chatoie
Sur le cou de colombe ou la frange de soie ;
Il veut qu'il dore aussi l'aile du papillon.
Il donne au rossignol un gosier d'harmonie,
Au tison s'éteignant l'adieu de sympathie
  Du frileux et pauvre grillon.

*

De sa sève il nourrit le brin d'herbe et le hêtre,
Et va semer la fleur où son germe peut naître,
Toujours sur le gazon, souvent dans le chemin.
Il fait pleuvoir le miel et commande à l'abeille
De voler le chercher dès que l'aube s'éveille
  Ou sur le trèfle ou sur le tym.

*

Il nous donne l'amour, ce sentiment sublime
Qui nous aide à gravir du Golgotha la cime,
Et sèche d'un baiser notre front en sueur.
Un amour déployant, au fort de la tourmente,
Son voile virginal pour en faire une tente
  Où nous trouverons le bonheur.

*

Il nous donne ici-bas l'amour ce bel et bon ange
Qui borde de pervenche et de genêts d'or, frange
De la Réalité, les fatiguants sentiers.
Cet amour dont la main nous guide et nous protège
Put toujours d'un regard faire fondre la neige
  Du cœur des rois, des chevaliers.

*

Eh! qu'importe à l'amour l'éclat de la naissance,
L'or pur ou le plomb vil de l'anneau d'alliance,
Lorsque la lèvre est rose et le sourire doux?
Ah! l'osier du berceau n'est rien qu'une chimère!
Et Dieu, du rossignol dont la voix nous est chère,
  Mit souvent le nid dans un houx.

*

Descends du haut des cieux, ô saint Vincent de Paule,
Et viens voir notre siècle effacer sur l'épaule
D'un guerrier, d'un héros le vil nom de bâtard.
Car c'est toi, le premier, qui bénis d'eau lustrale
Le fruit veuf de sa branche et le pauvre pétale
  Tombé dans le champ du hasard.

*

Aujourd'hui, grâce à toi, ce n'est plus flétrissure
De couler d'une source ou plus ou moins impure,
D'être d'une autre Agar l'innocent Ismaël.
Ah! l'on ne maudit plus le pauvre petit être
Dont tout le crime, hélas! est de ne point connaître
  Le doux lait du sein maternel.

*

Dans la couche d'un duc l'amour met sa vassale,
Et Dieu fit d'un buisson une souche royale
Dont les rameaux ombreux couvrent encor le sol.
Sans doute pour prouver qu'un humble champ de seigle,
Comme le cèdre, peut céler l'aire d'un aigle
      Emportant un sceptre en son vol.

        *

Tu reçus, ô cité qui t'appelles Falaise,
Le sourire d'enfant de ses lèvres de fraise,
Et tu passas tes doigts dans ses cheveux de lin.
D'un baiser tu séchais dans ses yeux bleus les larmes
Qu'il versait d'impuissance à soulever des armes
      Avec sa faible et blanche main.

        *

Mais l'enfant disparaît, le guerrier se révèle
Et sa flèche s'exerce à percer l'hirondelle
Voltigeant sur les tours du paternel manoir.
Patience, bientôt, d'Édouard la couronne,
Comme une feuille d'arbre au souffle de l'automne,
      Sur ce front de normand va choir.

        *

J'entends au moyen âge un long écho de guerre,
Un écho répétant : « c'est à moi l'Angleterre
« Sur ce drapeau d'Harold couche, ô mon léopard. »
Cette terrible voix c'est d'un compatriote,
C'est la voix d'un héros, du fils de ton Harlotte,
      De ton Guillaume-le-Bâtard.

        *

O Guillaume, ô vainqueur, sous la fourché caudine
Tu vis à pareil jour l'Anglais courber l'échine,
Tout un peuple à genoux te demander merci.
Ton coursier désormais boira dans la Tamise
Et ton blason bâtard portera pour devise
   Ces mots : *veni, vidi, vici.*

     *

La nef de Westminster s'illumine et s'allume ;
La vapeur de l'encens et s'élance et parfume
Les plis victorieux du sacré *Labarum ;*
La couronne s'ajoute aux lauriers de ta tête,
Et la vibrante voix, la voix de la conquête,
   Peut entonner le *Te Deum.*

     *

Le Simounn de l'Oubli, desséchant toute gloire,
A pourtant laissé croître et grandir ta victoire
Et c'est en vain qu'Hastings se couvre de moissons
Toujours on y verra le pied de Normandie
Et toujours les troupeaux paîtront l'herbe rougie
   Par le sang des guerriers saxons.

     *

La Fortune elle-même, inconstante maîtresse,
Qui donne tour à tour ou soufflet ou carresse,
Des ailes aujourd'hui, des béquilles demain.
La Fortune se plut à t'asseoir sur un trône
Et recueillit hier l'obole de l'aumône
   Pour te fondre encor cet airain.

     *

Tu fus plus qu'un héros, car tu fus un grand homme,
Tu n'abattis pas l'arbre afin d'avoir la pomme ;
Ton glaive seulement émonda ses rameaux,
Pour y greffer des lois et des mœurs moins sauvages,
Vrais filets de lumière à travers les nuages
    Recouvrant ces temps de chaos.

*

Ma main ne prendra pas la loupe de l'Histoire
Pour montrer une tache à ton manteau de gloire,
La loi du *couvre-feu* commandant le sommeil.
Toute hermine royale, hélas ! a des macules
Et l'œil du télescope a compté des facules
    Au disque même du Soleil.

*

Mais aujourd'hui ma main te bénira, Guillaume,
Pour avoir épargné la torche au toit de chaume,
Abrité les vaincus sous la *trêve de Dieu*.
Elle te bénira pour avoir, sur la tombe
De la noble Angleterre, honoré la colombe
    Disant à son vieux nid : Adieu.

*

La Paix remet le bœuf au joug de la charrue,
Mène bondir l'agneau sur une herbe touffue,
Et donne la faucille aux mains du moissonneur.
L'oubli de la défaite a glissé dans toute ame :
l'Anglais et le Normand n'ont plus qu'une oriflamme,
    Et plus qu'un seul et même cœur.

*

La paix, l'heureuse paix, couvre le fer de rouille,
Tandis que de lin d'or se charge la quenouille
Pour les voiles d'hymen des filles du Saxon.
De bonheur et d'amour l'œil bleu des époux brille,
Et de charmants enfants, anges de la famille,
  Sont le doux prix de la rançon.

    *

Depuis cette union le sol anglais est vierge,
En vain pour le frapper s'allongera la verge
Du bras d'Ajaccio, du Grand Napoléon.
La peau du léopard rit du dard de l'abeille,
Et l'aigle, hélas! devient une pauvre corneille
  Que pourra plumer un Hudson!

    *

Quelle race, pourtant ce nouveau Briarée
N'a, dans ses bras d'acier, pendant vingt ans serrée?
Du Nil à la Neva chacune répond : moi.
Il tenait dans ses mains, comme un morceau de liège,
Et le Caire et Moscou, les sables et la neige;
  Il tenait tout, excepté toi.

    *

Ah! si la vapeur eût, pour porter son armée,
Attelé sur son char un flocon de fumée;
De ses ailes de fer fait écumer les flots;
Tu verrais, Albion, l'empreinte du pied Corse,
La France mutiler de tes forêts l'écorce,
  Avec le nom de ses héros.

    *

En entendant ramer la flotte de Boulogne,
On dît que de tes toits s'envolait la cigogne
Prévoyant du foyer la triste invasion.
Mais saint Georges veillant sur ton indépendance
Avait pour la sauver, jeté dans la balance
  L'or de la Coalition.

    *

Il t'aurait mise au ban des nations du globe,
Si Waterloo n'eût pas déchiré cette robe
Qui consumait ta chair sous le nom de *Blocus*.
Mais il était écrit qu'un bâtard de Falaise,
Garderait seul l'honneur de voir la terre anglaise
  Porter à ses pieds des tributs.

    *

Mais il était écrit que ce coursier superbe
Qui, de l'Europe, avait mangé les blés en herbe,
Broyé de son sabot les savanes d'Apis,
Et rêvé pour sa soif le fleuve saint des brames,
Ne paîtrait pas un brin du gazon de Saint-James,
  Si cher à tes blondes Ladys.

    *

Mais il était écrit que cet autre Alexandre,
Qui de dix rois, un jour, eut la pourpre à revendre,
L'étendard de Wagram pour langes d'un berceau ;
Sur un roc triste et nu terminant son grand rôle,
Verrait du haut des cieux, l'Anglais maudir le saule,
  Arrosant de pleurs son tombeau !

    *

Mais Sainte-Hélène enfin de son grand homme est veuve ;
Il repose aujourd'hui sur les bords de ce fleuve,
La ceinture d'argent de notre grand Paris.
Il est redevenu l'Aigle des Pyramides
Et dort sous les drapeaux de ses vieux Invalides,
  La gloire et l'honneur du pays.

    *

Laissons ces souvenirs et respectons les fibres
Trop sensibles, encor, de deux grands peuples libres
Qui, trop long-temps, hélas! n'eurent que le canon
Pour traduire la haine et l'aveugle vengeance
De grands hommes jaloux de gloire et de puissance,
  De Pitt et de Napoléon.

    *

Car l'ange de la Paix a visité la Terre.
Les nations sont sœurs, la France et l'Angleterre
Suivent la même route en se donnant la main ;
Les plus purs dons de Dieu : les Arts et la Science,
Formeront désormais une sainte alliance
  Pour le bonheur du genre humain.

    *

Alors l'Ambition, infâme sauterelle,
Au flambeau du Progrès brûlant enfin son aile,
Deviendra pour toujours ce hideux limaçon
Se plaisant à salir de sa gluante bave,
Et la feuille de rose au parfum si suave
  Et l'épi d'or de la moisson.

    *

Alors l'Ambition, l'Ambition des armes
Rendra compte à l'Histoire et du sang et des larmes
Qu'elle prit sans remords à nos pauvres aïeux.
Dieu ne permettra plus qu'un impur scarabée
Se désaltère avec les perles de rosée,
   Qui tomberont la nuit des cieux.

*

Et ne confondant plus le froment et l'ivraie ;
L'abeille et le frêlon, la colombe et l'orfraie ;
Le lis et l'églantier, et la mousse et l'ajonc ;
Tout peuple maudira l'empire de la force ;
Vieux chêne au cœur pourri, qui n'a plus que l'écorce,
   Au printemps, plus même un bourgeon.

*

C'est encore un normand ; c'est l'abbé de Saint-Pierre
Qui pour tout l'univers rêva cette heureuse ère,
D'une éternelle paix entre les nations.
Ce rêve qui long-temps fut sublime folie,
N'est plus, grâce au Commerce, aux Arts, à l'Industrie,
   Mis au rang des illusions.

*

Aujourd'hui la Science a dompté la nature
Et fait de la fumée une agile monture,
Se nourrissant de feu, de distance et de temps.
L'Aérostation s'assied sur les nuages
Et, Reine dans les airs, prendra demain pour pages
   Et les tempêtes et les vents.

*

Cette voix du Très-Haut qui s'appelle la Foudre,
Dont un éclat réduit une montagne en poudre ;
L'homme en fait une esclave avec un fil de fer.
D'un bout du monde à l'autre emportant ses pensées,
Elle éveille aujourd'hui le roi des cétacées
      Sommeillant au fond de la mer.

          *

Tyran des éléments, vainqueur de la matière,
L'homme, à l'égal de Dieu, commande à la lumière,
Et se fait un pinceau d'un rayon de Soleil.
Il ne doute de rien, se rit du gnome même,
Car d'un grain de carbone il fait un diadème,
      Et prophétise en son sommeil.

          *

S'il mange du hadschih, il lui pousse des ailes,
Ses sens ont des plaisirs, des félicités telles
Qu'en goûtent les élus dans le sein du Seigneur.
S'il respire un flacon d'éther, de chloroforme,
O prodige ! soudain, son être se transforme,
      Et ne connaît plus la douleur !

          *

Ces astres vagabonds qui roulent dans l'espace,
Il les mesure avec le compas de Laplace,
Lit leurs sublimes lois au front de l'Éternel.
Pour tracer sur les flots une route à ses voiles,
Il lui suffit de voir resplendir les étoiles
      Sur le manteau d'azur du ciel.

          *

Ce magique levier rêvé par Archimède,
Guttemberg le trouva, toute main le possède.
C'est? c'est l'Imprimerie, enfantant le Journal
Qui sort en un clin-d'œil des durs flancs de sa mère
Tout ailé de papier, pour porter à la Terre
   Le vrai, le faux, le bien, le mal.

     *

Aujourd'hui, voilà l'homme et voilà sa puissance,
Et pourtant Dieu n'a pas encore, à sa science,
Dit, comme à l'Océan : *Tu t'arrêteras là*.
Fille d'Ashaverus, toujours elle chemine
A travers les cailloux et la ronce et l'épine
   Sans penser au *non plus ultra*.

     *

Près de sa gloire qu'est l'éclat d'une cuirasse,
Le temple de Janus près de Cristal Palace,
Panthéon du labeur et du génie humain !!!
Allez là voir des Arts, la pacifique armée,
Apprendre si la Paix fait du siècle un pygmée,
   Si le travail en fait un nain.

     *

Aujourd'hui c'est la Paix qui, moderne Moïse,
Conduit l'humanité vers la terre promise
Où coulent des ruisseaux et de lait et de miel.
Pour leur bonheur commun, la France et l'Angleterre
Savent que Dieu refuse aux lauriers de la guerre
   La blanche manne de son ciel.

     *

Ah ! puisse l'Éternel bénir ces deux empires,
Faire voguer toujours de concert leurs navires
Afin de policer les peuples des déserts !
Et puisse l'union présenter la sébile
Pour acheter un bronze à tout grand homme utile
    Dont se souviendra l'Univers !

*

Enfants qui prenez place au banquet de la vie
Que Dieu mette en vos cœurs la sainte et noble envie
D'illustrer notre France et vous faire un nom grand.
Si vous êtes petits, ayez pourtant courage,
Car ce chêne qui prête à vos yeux son ombrage
    Comme vous aussi, fut un gland.

*

Ne vous servez jamais de la lampe sans huile
Des vierges folles dont nous parle l'Évangile,
Qui, faute de veiller, ne purent voir l'époux.
Chers enfants, que la vôtre en ses rayons amène
Le soir à votre oreille une voix de phalène
    Disant : « l'Avenir est à vous ! »

*

Le roitelet se tait. Il n'a pas la voix douce
Et n'apporte aux lauriers que quelques brins de mousse
Arrachés en tremblant aux buissons du chemin.
En retour aura-t-il, quand va tomber la neige
De la froide Critique, un toit qui le protège,
    Et sur le seuil un peu de pain ??

*

Si sa faible aile, hélas! n'était pas engourdie
Pour les grands et beaux noms de notre Normandie,
Il volerait aux prés de Malherbe et Segrais,
Au mois de mai, cueillir une fraîche couronne
De bleus myosotis, de jasmin, d'anémone,
   De primevère et de muguets.

      *

Car il sait plus d'un nom que la Gloire réclame,
Plus d'un que la Vertu depuis long-temps proclame ;
Dignes d'être gravés sur votre bleu granit.
Soyez donc l'hirondelle au printemps ramenée,
Comme elle, saluez l'heureuse cheminée
   Et de tout grand homme le nid.

      *

Mais l'Immortalité n'ouvre son sanctuaire
Que quand l'âme est au ciel et le corps à la terre.
Le linceul est, hélas! la robe du festin,
Chers et nobles vivants, étoiles de la France,
Brillez, brillez encor sur notre intelligence ;
   Un jour vous aurez votre airain.

      AUGUSTE KROCHEY.

Caen, septembre 1851.

www.ingramcontent.com/pod-product-compliance
Lightning Source LLC
Chambersburg PA
CBHW060456050426
42451CB00014B/3360